SAMI BI FAGNA BAPTISTE

# LEURS DISCOURS ET NOS RIRES : LES PRÉSIDENTS SOUS UN AUTRE ANGLE

SAMI BI FAGNA BAPTISTE

# LEURS DISCOURS ET NOS RIRES : LES PRÉSIDENTS SOUS UN AUTRE ANGLE

## L'humour au sommet de l'état

Dictus Publishing

**Imprint**
Any brand names and product names mentioned in this book are subject to trademark, brand or patent protection and are trademarks or registered trademarks of their respective holders. The use of brand names, product names, common names, trade names, product descriptions etc. even without a particular marking in this work is in no way to be construed to mean that such names may be regarded as unrestricted in respect of trademark and brand protection legislation and could thus be used by anyone.

Cover image: www.ingimage.com

Publisher:
Dictus Publishing
is a trademark of
Dodo Books Indian Ocean Ltd. and OmniScriptum S.R.L publishing group

120 High Road, East Finchley, London, N2 9ED, United Kingdom
Str. Armeneasca 28/1, office 1, Chisinau MD-2012, Republic of Moldova, Europe
Printed at: see last page
**ISBN: 978-613-7-35764-4**

# SOMMAIRE

# Introduction

Les discours des présidents Africains, traditionnellement perçus comme des moments de solennité et de poids politique, peuvent souvent acquérir une dimension inattendue lorsqu'ils sont pimentés d'humour et de légèreté. Ce phénomène, loin d'être marginal, témoigne d'une capacité des dirigeants à se rapprocher de leur peuple, à reconnaître et à embrasser les réalités culturelles et sociales de leurs concitoyens. À travers cet ouvrage, nous avons exploré comment les discours politiques en Afrique sont souvent marqués par des moments comiques et inattendus, des improvisations hilarantes, ainsi que des réactions humoristiques des citoyens. Ce livre vise à fournir une nouvelle perspective sur le leadership en Afrique, soulignant la puissance du rire dans la transformation des relations entre les dirigeants et le peuple.

# Chapitre 1 : Le Discours Inattendu

Une compilation des discours les plus surprenants des présidents africains, avec des blagues involontaires et des déclarations comiques qui font rire le public.

Les discours prononcés par des présidents africains sont souvent chargés de sérieux, surtout dans un contexte politique parfois tumultueux. Cependant, ils ne manquent pas non plus de moments mémorables où des blagues involontaires et des déclarations comiques viennent illuminer l'atmosphère. Ces instants, souvent imprévisibles, révèlent une facette plus légère de la politique et montrent que même les figures les plus importantes peuvent se retrouver dans des situations cocasses.

Les humoristes d'un jour

Lors d'un discours sur le développement économique, un président a pour illustrer son propos utilisé une métaphore inattendue. Il a déclaré : "Notre économie doit être comme un poulet dans la chaleur du soleil : elle doit être bien dorée et cuite à point pour être savoureuse !" La foule, intermédiaire entre la surprise et le rire, a apprécié cette image pour le moins inattendue. Ce type d'analogie rudimentaire mais évocateur rappelle à tous que la simplicité peut parfois transmettre des messages puissants.

 La déclaration sur le climat

Un autre président, en parlant des défis environnementaux, a tenté d'aborder le sujet du changement climatique tout en utilisant une référence culturelle locale. Il a dit : "L'Afrique est comme un bon vieux rasta ; à un moment, il faut l'arroser pour qu'il fleurisse." Ce mélange de sérieux et d'humour a suscité des rires, mais a également renforcé l'idée que le changement climatique mérite une attention collective.

L'inattendu d'une réunion internationale

Lors d'un sommet international, un président africain a pris la parole pour demander une aide accrue pour son pays. En essayant de relativiser la situation, il a déclaré avec un sourire : "Nous avons tellement de ressources naturelles que même notre terre a du mal à être généreuse; elle donne tout, même les mauvaises herbes !" La simplicité de ses mots a fait rire l'assistance tout en pointant du doigt un problème sérieux : la mauvaise gestion des ressources.

Les confusions mémorables

Le faux pas linguistique

Dans un discours devant la presse étrangère, un autre président a écorché un mot en anglais, mélangeant « support » et « report », ce qui a donné lieu à une phrase hilarante : "Nous avons besoin de votre report pour soutenir notre développement !" La manière dont il a rectifié son erreur, en ajoutant en riant "En tout cas, n'attendez pas un report, je préfère des soutiens immédiats", a renforcé l'atmosphère détendue. Ce moment a été largement partagé sur les réseaux sociaux, devenant un mème populaire.

La blague sur les visages

Dans un contexte de tensions politiques, un président a tenté d'alléger l'atmosphère en lançant une blague : "Vous savez, en politique, il y a deux types de visages : ceux qui sourient et ceux qui sont là pour vous faire perdre votre sourire !" Cette petite phrase, bien que délivrée dans un moment sérieux, a suscité des éclats de rire dans le public, montrant qu'un peu d'humour peut faire beaucoup pour apaiser les esprits.

Les échanges avec le public

Interaction surprenante

Lors d'une visite officielle dans une école, un président a demandé aux élèves de lui poser des questions. Un jeune garçon a demandé : "Monsieur le Président, pourquoi les éléphants n'ont-ils pas de smartphone ?" La réponse du président a été immédiate : "Parce qu'ils sont trop occupés à chercher des moyens pour arriver à l'assemblée sans encombre!" Ce moment d'interaction a non seulement diverti le public, mais a également permis de rappeler que la politique est une affaire de tous, peu importe l'âge.

La réponse à un défi

Enfin, lors d'un discours aux jeunes, un président a évoqué la nécessité de l'engagement civique, en blaguant sur sa propre jeunesse : "Quand j'étais jeune, j'avais tellement de rage que je croyais que discuter allait résoudre tous les problèmes. Mais maintenant, je comprends que parfois, il vaut mieux sauter pour arriver plus haut !" Ce commentaire a suscité des rires tout en véhiculant un message important sur l'engagement et l'intelligence dans l'action politique.

Ces discours inattendus, avec leurs blagues et moments comiques involontaires, rappellent aux citoyens que leurs dirigeants sont humains. Derrière le poids du leadership se cachent des moments de légèreté et d'authenticité. Ils démontrent aussi l'importance d'un bon sens de l'humour dans le cadre parfois rigide de la politique. En ne prenant pas trop au sérieux les défis qui se présentent à eux, ces présidents parviennent à rapprocher les peuples, à créer des souvenirs mémorables, et à rappeler à tous que même dans les moments les plus graves, un sourire peut faire toute la différence.

# Chapitre 2 : Les Anecdotes de la Podium

Des histoires hilarantes sur des incidents et des faux pas sur scène, comme une chute mémorable ou une interruption inattendue.

Dans le monde du spectacle, chaque performance peut devenir une source inépuisable d'anecdotes. Les incidents et faux pas sur scène sont souvent le reflet de la nature imprévisible du divertissement. Voici quelques histoires hilarantes qui illustrent à quel point le théâtre, les concerts, et les événements en direct peuvent souvent prendre des tournures inattendues et mémorables.

 La chute mémorable de l'actrice

Lors d'une représentation d'une pièce de théâtre bien connue, une actrice talentueuse, qui incarnait un personnage principal, a tenté d'exécuter une entrée dynamique. En courant vers le devant de la scène, elle n'a pas remarqué que le décor avait été déplacé pour une scène précédente. Ce qui était censé être une entrée triomphale s'est transformé en une chute impressionnante, la comédienne trébuchant sur un accessoire laissé là par inadvertance. Le public a d'abord retenu son souffle, mais la comédienne s'est rapidement relevée avec un sourire éclatant, déclarant, "C'est ce qu'on appelle un 'atterrissage en douceur' !" Cette réplique a déclenché un fou rire collectif, permettant à tous d'oublier l'incident initial. L'interruption inattendue

Lors d'un concert en plein air très attendu, une chanteuse pop au sommet de sa carrière a été interrompue par un événement totalement imprévisible : un oiseau s'est posé sur son micro alors qu'elle chantait. Au début, elle a essayé de poursuivre sa performance, mais l'oiseau semblait vouloir participer au spectacle, poussant des cris en synchronisation avec la musique. La chanteuse a eu l'idée brillante de jouer avec la situation. Elle a commencé à chanter des duos improvisés avec l'oiseau, invitant les fans à participer à une sorte de chant collectif. Ce moment a été immortalisé en vidéo et est devenu viral, renforçant encore plus la carrière de l'artiste.

Le faux pas du présentateur

Un présentateur de télévision prestigieux, connu pour son humour, a eu un moment d'inattention lors d'un gala important. En lisant les noms des lauréats d'un prix, il a dû appeler l'un des gagnants à un moment inapproprié, le mauvais nom résonnant dans la salle. En effet, il a annoncé le nom d'une personnalité absente pour cause de voyage, ce qui a provoqué un long silence dans la salle. Réalisant son erreur, il s'est tourné vers le public, un sourire gêné aux lèvres, et a lâché "Eh bien, si quelqu'un le voit là-bas, dites-lui qu'il a gagné !". Le public a éclaté de rire, et l'incident a ajouté une dose de légèreté à un gala autrement formel.

Le spectateur imprévisible

Un autre moment inoubliable s'est produit lors d'une comédie où un comédien a été brusquement interrompu par un spectateur très enthousiaste dans le public. Alors qu'il essayait de livrer une réplique clé, un homme au fond de la salle a crié une remarque comique qui a pris le comédien par surprise. Plutôt que de se fâcher, le comédien a sauté sur l'occasion. Il a commencé à improviser un dialogue avec le spectateur, transformant l'incident en un échange humoristique. Au final, le spectacle a pris une tournure interactive, faisant de ce moment une des meilleures soirées de la saison.

Ces anecdotes illustrent parfaitement que, malgré le sérieux et le professionnalisme qui entourent la scène, l'imprévisibilité est souvent le cœur de la performance. Les incidents sur scène, qu'ils soient comiques ou embarrassants, créent des souvenirs partagés qui renforcent le lien entre les artistes et leur public. Au fond, ces faux pas rappellent à tous que le spectacle vivant est un art d'improvisation, où tout peut arriver, et où chaque instant est une occasion de rire et de se rappeler que nous sommes tous, d'une manière ou d'une autre, des acteurs de la vie.

# Chapitre 3 : Quand les Slogans Dérivent

Exploration des slogans politiques absurdes et des promesses de campagne qui ont pris une tournure inattendue, évoquant des souvenirs amusants.

Les slogans politiques, ces phrases accrocheuses et souvent mémorables, sont censés résumer des idéaux, inspirer la confiance et galvaniser les électeurs. Cependant, il arrive que ces slogans prennent des tournures inattendues, parfois absurdes, créant des souvenirs amusants qui se gravent dans l'esprit du public. Ces occurrences révèlent non seulement la créativité parfois excessive des équipes de campagne, mais aussi leur humanité, parfois teintée d'humour involontaire.

Les slogans qui font rire

Du béton pour tous !

Un candidat à la mairie d'une grande ville a un jour lancé son slogan : "Du béton pour tous !" Visant à renforcer les infrastructures urbaines, le message s'est rapidement transformé en blague au sein de la population. Les habitants se sont mis à détourner ce slogan en insinuant que plutôt que de construire des espaces verts, le candidat souhaitait simplement camoufler la ville sous une couche de ciment. Des affiches satiriques circulaient dans les rues, jouant sur le thème du béton à tous les étages. Au final, ce slogan a non seulement rappelé les promesses d'infrastructure du candidat, mais a aussi donné lieu à des débats sur l'urbanisme et le développement durable, tout cela avec un sourire.

Ensemble, créons des aigles !

Un autre exemple mémorable provient d'un candidat qui affirmait que son programme allait "donner des ailes aux citoyens". Le slogan est devenu : "Ensemble, créons des aigles !" La métaphore, censée évoquer la liberté et l'ascension, a rapidement été détournée par l'opposition. Les internautes ont commencé à imaginer des citoyens en costume d'aigle, volant dans le ciel avec des feuilles de campagne en guise de plumes. Cet image loufoque a entraîné de nombreux mèmes, et la promesse de création d'aigles est devenue une blague récurrente dans le paysage politique local.

Les promesses de campagne qui ont mal tourné

Une orange dans chaque main

Lors d'une campagne électorale, un candidat promettait "une orange dans chaque main", en référence à un programme de soutien à l'agriculture locale. Cependant, cette promesse a rapidement suscité moqueries lorsque les médias ont rapporté que, malgré l'enthousiasme, les agriculteurs étaient en réalité confrontés à des difficultés de production. Les électeurs ont alors commencé à utiliser cette phrase pour évoquer un sentiment d'absurdité dans les promesses électorales, en plaisantant à propos des oranges devenues une denrée introuvable. La campagne a pris une tournure imprévisible, où chaque discussion sur l'agriculture était désormais teintée de références humoristiques aux oranges.

"Le bonheur à portée de main"

Un président sortant, cherchant à se faire réélire, a utilisé le slogan promettant "Le bonheur à portée de main". Au départ, l'idée semblait attrayante, mais au fur et à mesure de la campagne, les critiques ont commencé à pointer du doigt les difficultés économiques persistantes et l'inégalité croissante. Ce slogan est devenu le point de départ de nombreux mèmes sur les réseaux sociaux, où des internautes se moquaient en prenant des photos de choses triviales, comme des boîtes de chocolat ou des bons de réduction, en les présentant comme "le bonheur à portée de main". Ce détournement humoristique a révélé un fossé entre la réalité et la promesse.

 Des slogans qui deviennent des blagues culturelles

 "Aimez-vous les uns les autres"

Un slogan axé sur l'unité et la paix, "Aimez-vous les uns les autres", a été initialement bien reçu. Cependant, il n'a pas tardé à être parodié dans des spectacles de comédie abordant la division politique actuelle. Les humoristes l'ont transformé en un call-to-action humoristique, en lançant des défis absurdes du genre "Mais avez-vous essayé de vous aimer tout en votant différemment ?". Cela a enrichi les discussions sur le manque de véritable dialogue entre les partisans de différentes idéologies tout en allégeant l'atmosphère.

 Un slogan à la française

En France, un ancien candidat a brandi le slogan  "Le changement, c'est maintenant !" qui, au départ, était destiné à rassembler une nation autour d'un nouveau départ. Cependant, le slogan a pris une tournure comique lorsque les journaux ont commencé à le caricaturer comme une promesse de changement égale à mettre à jour ses appareils électroniques. Les électeurs ont alors plaisanté en disant que tout ce qui était nécessaire pour le changement était un bon câble USB. Cette métaphore humoristique est restée célèbre bien après la campagne, rappelant que les promesses politiques peuvent parfois sembler aussi techniques et insaisissables que nos appareils électroniques.

Les slogans politiques et les promesses de campagne, bien que souvent sérieux, peuvent donner naissance à des situations cocasses et même absurdes. En dépit de la gravité du contexte politique, l'humour qui en résulte permet d'humaniser les figures politiques tout en suscitant le rire et la réflexion chez les citoyens. Ces anecdotes sont non seulement des souvenirs amusants, mais elles rappellent également que les mots peuvent avoir des significations multiples et peuvent, parfois, être l'occasion de sourire quand la politique semble devenir trop sérieuse. En explorant ces slogans et promesses, on découvre ainsi que derrière chaque phrase accrocheuse se cache la réalité d'une société en constante évolution – avec ses hilarantes dérives.

# Chapitre 4 : Petits Incidents, Grands Rires

Récits de petites erreurs qui ont causé de grands rires lors de discours importants, comme une mauvaise prononciation ou un mot mal choisi.

Dans le cadre de discours politiques, officiels ou lors de cérémonies importantes, les erreurs de langage peuvent aboutir à des moments de légèreté inattendue. De la mauvaise prononciation aux mots mal choisis, ces petites erreurs peuvent susciter de grands rires, rompant la monotonie des discours souvent sérieux. Ce chapitre explore quelques-unes de ces anecdotes hilarantes qui montrent que les discours, même bien préparés, peuvent rapidement dérailler.

Les joyaux de la langage

L'accident lexical

Un président, lors d'un discours devant une foule enthousiaste, a voulu évoquer la notion de solidarité. Malheureusement, il a utilisé le terme "solitude" au lieu de "solidarité". Le passage est passé inaperçu pendant un moment, mais lorsqu'il a dit : "Ensemble, dans cette solitude, nous avancerons", une vague de rires a déferlé sur le public. Réalisant son erreur, le président a réagi avec humour : "Je suis sûr que nous préférons tous la solidarité !", et le rire s'est amplifié dans la salle. Ce petit incident a brisé la glace et a permis une atmosphère plus détendue pour le reste du discours.

La mauvaise prononciation

Un autre exemple notable remonte à un discours d'un ministre de l'Éducation, qui souhaitait parler des "nouveaux programmes académiques". Malheureusement, il a prononcé le mot "académique" avec une accentuation inappropriée, le transformant en "académique". Cela a provoqué un petit éclat de rire, aussi bien dans le public que chez ses collaborateurs sur la scène. Conscient de l'effet de son lapsus, le ministre a choisi d'en rire et a ajouté : "Eh bien, j'espère que ces nouveaux programmes seront plutôt 'academiques' que 'académique' !" Ce moment d'humour a détendu l'atmosphère et a permis aux membres de l'audience de se sentir plus proches de leur ministre.

Le poids des mots

 Les réflexions imprévues

Lors d'une conférence internationale sur la santé, un expert a voulu évoquer les maladies infectieuses, mais a maladroitement remplacé "infectieuses" par "infectées". En disant : "Nous devons nous concentrer sur la prévention des maladies infectées", il a provoqué une réaction immédiate dans le public. Bien que cela ait été involontaire, les rires ont fusé, et l'orateur, réalisant son erreur, a décidé de faire une blague en disant : "Je suis sûr que nous avons tous connu des journées 'infectées' !" Cet incident a illustré comment une simple erreur peut rapidement transformer une présentation sérieuse en un moment mémorable.

Les vidéos enregistrées

Une réunion internationale a été le théâtre d'un discours d'un président africain reconnu pour son éloquence. En voulant souligner l'importance de la communication dans la diplomatie, il a déclaré : "La communication est le marqueur de notre réussite." Le problème, c'est qu'au lieu de "marqueur", il a prononcé "marque". Les membres du public, surpris par ce commentaire, ont commencé à s'interroger sur la signification d'un "marque" dans un contexte diplomatique. L'orateur a ensuite ajouté, avec un sourire : "Vous savez, nous préparons les meilleurs 'marques' diplomatiques !" Cette réplique a provoqué de nouveaux rires et a renforcé l'attachement du public à cet élu.

Les rebondissements inattendus

Les interruptions comiques

Un politicien a fait un discours dans une école, soulignant l'importance de l'éducation. Cependant, au milieu de son intervention, il a été interrompu par un enfant qui a crié : "Monsieur le Président, pourquoi les hérissons n'ont-ils pas de vêtements ?" Le petit incident a pris tout le monde par surprise, mais le président a réagi rapidement en plaisantant : "Peut-être parce qu'ils sont trop piquants pour se décider sur une mode !" Ce moment a suscité un éclat de rire dans toute la salle, créant un lien fort entre le président et les élèves.

Des anecdotes locales

Dans une ville, un député a voulu citer une célébrité locale en parlant de l'importance d'investir dans le sport. Il a commencé par dire le nom de l'athlète, mais a confondu le prénom avec celui d'un personnage de film populaire. "Nous devons prendre exemple sur notre champion, Harry Potter !" a-t-il déclaré, provoquant une onde de rires. Réalisant sa confusion, le député a pris le temps d'expliquer qu'il devait se recentrer sur le sport, ajoutant que "les sorciers peuvent être inspirants, mais ce n'est pas grâce à la magie que nous allons avancer !" Ce moment ludique a fait le tour des réseaux sociaux, mettant en lumière l'humour et l'humanité des hommes politiques.

Les petites erreurs linguistiques, les mots mal choisis et les incidents inattendus lors des discours politiques ne sont pas seulement des sources de rires, mais également des moyens de créer des connexions authentiques entre les orateurs et leur public. Ces moments de légèreté rappellent que, même dans les rôles les plus sérieux, l'humour peut jouer un rôle crucial pour rendre le discours plus accessible et mémorable. Dans un monde politique souvent perçu comme austère, ces anecdotes de "petits incidents", qui déclenchent de "grands rires", apportent une touche d'humanité et rappellent à chacun que nous sommes tous imparfaits. Si cela nous apprend quelque chose, c'est que parfois, les meilleures leçons et les plus grands changements viennent de moments inattendus pleins de sourire.

# Chapitre 5 : Les Imprévus de la Vie Politique

Exemples d'imprévus lors des discours : coupures de courant, bruites en arrière-plan et réactions inattendues de la foule.

La vie politique est un théâtre d'imprévus. Les discours, bien que soigneusement préparés, se déroulent souvent dans des conditions inattendues, pouvant bouleverser même les discours les mieux ficelés. Des coupures de courant aux bruits en arrière-plan, en passant par les réactions inattendues de la foule, chaque incident contribue à rendre ces événements uniques et mémorables. Ce chapitre explore quelques exemples poignants de ces imprévus, illustrant comment les politiciens et les citoyens peuvent naviguer avec humour et grâce au milieu du chaos.

Les coupures de courant

Un discours dans le noir

Lors d'un discours important à l'occasion d'une conférence sur le développement durable, un leader charismatique s'apprêtait à prononcer son allocution devant une salle comble. Soudain, une coupure de courant a plongé la salle dans l'obscurité. Au départ, un léger murmure de confusion s'est répandu parmi le public, mais le leader a rapidement pris la situation en main. Dans le noir, il a commencé à improviser, partageant des anecdotes sur son enfance, quand il a dû s'entraîner à parler sans lumière dans sa chambre, ce qui a suscité des rires. Une fois la lumière revenue, l'atmosphère était amicale et détendue, et le discours a pris une tournure plus personnelle, renforçant le lien entre le politicien et son auditoire. Un moment éclatant d'humour

Un autre président s'est retrouvé confronté à une coupure de courant pendant un discours en plein air. Pendant que les techniciens s'affairaient à rétablir l'électricité, il a décidé de profiter de l'incident pour engager le dialogue avec le public. "Je parie que vous ne saviez pas que le noir était ma couleur préférée !" a-t-il plaisanté. Lorsque l'électricité a enfin été rétablie, le public a applaudi davantage non pas pour le retour de la lumière mais pour la capacité du président à transformer un imprévu en moment de convivialité. La situation a prouvé qu'une approche légère peut désamorcer des situations potentiellement embarrassantes.

Les bruits en arrière-plan

Les imprévus sonores

Les discours en plein air sont souvent propices aux bruits environnants, qu'ils s'agissent d'animations de rue, de concerts à proximité ou même de la nature elle-même. Lors d'un discours sur la paix, un dirigeant a été interrompu par le bruit soudain d'un groupe de musiciens qui jouaient une mélodie entraînante juste à côté. Plutôt que de se laisser perturber, il a souri et a dit : "Je vois que même la musique veut faire partie de notre discours sur la paix !" Cela a entraîné une accalmie des rires et a permis au président de glisser une référence à l'importance d'harmoniser la musique et les efforts de paix, rendant l'instant mémorable.

La réaction de la foule

Lors d'un événement politique, une porte-voix transportant un vendeur ambulant à proximité a commencé à crier pour vendre ses produits pendant qu'un ministre prononçait son discours. Le public a été à la fois surpris et amusé. En entendant le bruit, le ministre a réagi sur le ton de l'humour : "Je pensais être le seul à faire la promotion ici ! Mais au moins, nous savons que tout le monde cherche à 'vendre' ses idées." Les rires et les applaudissements qui ont suivi ont permis d'alléger l'atmosphère et de renforcer l'idée que tous, y compris les vendeurs, ont un rôle à jouer dans l'économie locale.

Les réactions inattendues de la foule

Un soutien imprévu

Lors d'un meeting, un politicien s'est préparé à des critiques, mais a été surpris par une réaction cinématographique de la foule. Alors qu'il abordait un sujet sensible, une personne dans le public s'est levée et a commencé à applaudir bruyamment, incitant d'autres à faire de même. Au début, le politicien a été déconcerté, mais il a rapidement compris que c'était un geste de soutien inattendu. Saisissant l'occasion, il a répondu avec humour : "Je ne savais pas que mes discours valaient une standing ovation ! Peut-être que je devrais parler plus souvent." Cet échange inattendu a rapproché le politicien du public, démontrant que la passion peut parfois éclipsé les débats sérieux.

Les interventions comiques

Un autre politicien lors d'un discours crucial a été interrompu par un manifestant exprimant un désaccord. Dans un retournement comique, le manifestant a proposé une farce pour relayer son mécontentement, suggérant que le politicien se glisse dans un costume ridicule en guise de protestation. Au lieu de réagir avec colère, le politicien a répliqué avec humour : "Si cela peut aider à clarifier nos idées, je suis prêt à enfiler ce costume !" Cela a provoqué des rires et a ouvert la porte à un dialogue plus sérieux sur les préoccupations du groupe de manifestants. Cet échange a illustré la manière dont l'humour peut désamorcer des tensions et favoriser la communication.

Les imprévus qui jalonnent la vie politique, qu'ils soient techniques, environnementaux ou réactions du public, sont inévitables. Ces incidents révélateurs témoignent de la flexibilité des politiciens face aux petites crises et de leur capacité à transformer des moments potentiellement embarrassants en occasions de camaraderie. Au-delà des discours soigneusement préparés, ce sont souvent ces moments imprévus qui laissent les impressions les plus durables. En fin de compte, ils rappellent à chacun que la politique, tout en étant un domaine sérieux, doit également être empreinte d'humanité, de créativité et d'un peu de légèreté. Ces histoires d'imprévus, loin d'être négligeables, ajoutent une dimension humaine à la scène politique, renforçant les liens entre destinataires et orateurs.

# Chapitre 6 : Les Président(e)s et leurs Surnoms

Une exploration humoristique des surnoms emblématiques donnés aux présidents africains par le peuple, souvent basés sur leurs comportements ou leurs discours.

Dans le monde politique, les surnoms jouent un rôle fascinant et souvent humoristique, révélant la perception qu'a le peuple de ses dirigeants. En Afrique, un continent riche en diversité culturelle et linguistique, les présidents et autres figures politiques ne font pas exception. Souvent, ces surnoms sont teintés d'affection, de respect ou, parfois, de critique acerbe, basés sur les comportements, les discours ou des événements marquants de leur mandat. Ce chapitre se penche sur quelques-uns de ces surnoms emblématiques, illustrant comment le peuple utilise l'humour et la créativité pour commenter la vie politique.

Les surnoms affectueux

"Le Sage"

Un des présidents respectés du continent a reçu le surnom de "Le Sage", en raison de ses longues réflexions avant de prendre des décisions. Ce titre a été donné avec une touche d'affection, car son style de gouvernance tentait de concilier tradition et modernité. Les citoyens plaisantent souvent en disant : "Demander conseil au Sage, c'est comme attendre la pluie pendant la saison sèche!"

"Papa"

Dans plusieurs pays, certains dirigeants sont affectueusement surnommés "Papa". Ce terme symbolise une sorte de paternalisme et de bienveillance. Pourtant, certains d'entre eux se retrouvent dans des situations cocasses, où les citoyens répliquent en se moquant : "Papa, où sont donc ces emplois promis ?" Ce surnom illustre à la fois l'affection des citoyens mais aussi leurs attentes vis-à-vis des promesses de leurs dirigeants.

Les surnoms inspirés des comportements

"Le Lion"

Un président connu pour sa combativité et sa détermination a gagné le surnom de "Le Lion". Cela fait référence à son style de leadership audacieux, mais également à ses discours enflammés. Toutefois, il n'échappe pas à des commentaires humoristiques de la part de la population, qui disent parfois : "Un lion rugissant, oui, mais un lion qui n'attrape pas toujours sa proie !" Ce contraste met en lumière les espoirs et les déceptions qui accompagnent souvent un leadership fort.

"L'Artiste"

Un ancien président, avec sa passion pour la musique et l'art, était affectueusement surnommé "L'Artiste". Ce surnom est né de son habitude à intégrer des performances musicales dans ses discours. Cependant, cet aspect artistique a également conduit à des situations cocasses où les citoyens en plaisantaient : "L'Artiste doit choisir entre le concert et la politique !". Ce problème crée une connexion entre le divertissement et la politique, rappelant que le leadership ne doit pas nécessairement signifier se prendre trop au sérieux.

Les surnoms critiques

"Le Caméléon"

Un chef d'État souvent accusé de changer de position politique selon les circonstances a été rapidement étiqueté "Le Caméléon" par ses détracteurs. Ce surnom souligne son opportunisme, mais il est aussi accompagné de blagues telles que : "Avec le Caméléon, on ne sait jamais quelle couleur il affichera demain !" La légèreté de cette plaisanterie souligne la méfiance, tout en offrant un aperçu humoristique des manœuvres politiques.

"Le Dictateur"

Dans certains contextes, les dirigeants qui durcissent leur prise de pouvoir ou qui imposent des restrictions sévères se voient attribuer des surnoms comme "Le Dictateur". Dans ces cas, le nom peut être chargé d'ironie. Les citoyens, en réponse à des actions jugées excessives, peuvent plaisanter en disant : "Si le Dictateur passe par ici, il va taxer notre rire !" Cette utilisation humoristique du surnom montre comment même les critiques peuvent être adoucies par le rire.

Des surnoms qui rassemblent

"Le Moteur du Changement"

Un président qui a fait de la réforme son cheval de bataille a suscité l'engouement et a été surnommé "Le Moteur du Changement". Bien que ce titre résonne avec une ambition positive, les plaisanteries entourant le personnage illustrent parfois les retards dans ses initiatives. Les citoyens sourient en se lançant des phrases comme : "Le Moteur a besoin d'un bon coup de graisse !", pointant ainsi l'inertie perçue dans les démarches politiques.

"La Voix du Peuple"

Enfin, plusieurs leaders charismatiques, qui ont su incarner les souhaits et les peurs de leur peuple, se sont vu décerner le surnom de "La Voix du Peuple". Ce titre, noble en soi, peut être moqué en affirmant : "Une voix, oui, mais parfois comme un gramophone grippé !" Cela rappelle que même les politiciens les plus engagés peuvent décevoir, et le bon sens populaire se joue des idéaux en y ajoutant une touche d'humour.

Les surnoms donnés aux présidents africains par le peuple sont riches de sens, de créativité et d'humour. Que ce soit des termes affectueux, inspirés de comportements ou des critiques voilées, ces surnoms témoignent d'un lien unique entre le peuple et ses dirigeants. Ils rappellent également que la politique, même lorsqu'elle est sérieuse, comporte une part d'humanité qui peut être célébrée ou consommée avec humour. Au final, les surnoms non seulement reflètent la perception du leadership, mais ils renforcent également le tissu social, aidant à briser les barrières entre gouvernants et gouvernés. Dans cette mosaïque culturelle, le rire se révèle être un excellent moyen pour les citoyens d'exprimer leurs sentiments tout en préservant une connexion conviviale avec ceux qui les dirigent.

# Chapitre 7 : La Mode des Discours

Les styles vestimentaires douteux des présidents lors de discours publics, avec des anecdotes sur des tenues qui ont fait rire ou choqué.

Dans le monde politique, la façon dont un président se présente au public ne se limite pas seulement à la distance entre le discours et ses politiques : elle inclut aussi et surtout le style vestimentaire. Les tenues portées lors des discours publics peuvent devenir des sujets de conversation, d'admiration, ou même de moquerie. Ce chapitre explore certains des styles vestimentaires les plus mémorables, souvent accompagnés d'anecdotes qui ont marqué les esprits, révélant comment la mode peut influencer la perception publique à travers l'humour ou le choc.

Les tenues audacieuses

La chemise trop colorée

Un président d'un pays tropical a un jour voulu marquer le coup lors d'une conférence sur le climat en portant une chemise à motifs flamboyants, pleine de couleurs vives représentant la flore locale. Bien qu'intentionnellement écoresponsable, cette tenue a causé un tollé dans les médias. Les commentaires sur les réseaux sociaux ne se sont pas fait attendre, allant d'éloges sur son audace à des questionnaires humoristiques, tels que : "Est-il là pour un discours ou pour une fête de la couleur ?".

L'image du président, portant une chemise qui ressemblait à une peinture de fête, a inspiré une série de mèmes et de caricatures. Pendant ce temps, le président, conscient de la réaction, a décidé de jouer la carte de l'humour en déclarant lors d'un autre discours : "La couleur est importante, mais n'oublions pas que les idées devraient toujours briller plus que les chemises !"

## Le costume classique revisité

Un autre président, connu pour sa tendance à porter des costumes classiques, a choqué le public lorsqu'il a décidé de porter un costume aux motifs de rayures noires et blanches très audacieux. Ce choix vestimentaire a été interprété comme un clin d'œil aux traditions de son pays, mais beaucoup y ont vu une tentative infructueuse de se démarquer.

Le jour du discours, un commentateur a plaisanté en disant : "Il a l'air prêt à faire une déclaration ou à se joindre à un groupe de musiciens de jazz!" Ce moment a inspiré le public à partager des photos amusantes de "costumes d'affaires" juxtaposés avec des costumes plus excentriques. Cela a ouvert un débat sur la nécessité de rester formel en politique, ou d'oser s'exprimer à travers le style.

## Les pertes de sang-froid vestimentaires

## L'incident du bouton

Lors d'un discours particulièrement important, un président s'est rendu compte au beau milieu de l'allocution que l'un des boutons de sa veste venait de se détacher, exposant un t-shirt en dessous. Lorsqu'il a essayé de le recoller discrètement, l'histoire a pris un tournant comique lorsque le bouton a ricoché sur la scène, provoquant un éclat de rire dans la salle. Conscient de l'absurdité de la situation, le président a alors lancé : "Comme quoi, on peut aussi manquer de solidité !" Beaucoup ont pris cela comme un exemple d'authenticité, prouvant qu'un moment d'improvisation peut parfois renforcer le lien avec le public.

La cravate malAttachée

Un incident similaire a eu lieu lorsqu'un ancien président a commencé un discours avec une cravate mal attachée, qui était tombée sur le côté. Plutôt que de se laisser abattre par cet imprévu, il a enthousiasmé la foule en déclarant : "Vous voyez, même ma cravate refuse de se plier à la rigidité de la politique !" Ce moment de légèreté a allégé l'atmosphère d'un festival politique, et a montré que l'humanité et l'imprévisibilité font partie intégrante du spectacle.

Les faux pas de la tradition

Le costume traditionnel mal choisi

Un président promettant de rester fidèle à ses racines culturelles a opté pour un costume traditionnel lors d'un discours dans un contexte très formel. Malheureusement, la tenue était mal ajustée, créant des rires dans la foule, et les réseaux sociaux ont vu fleurir des commentaires sur sa "tentative de fusion" entre tradition et modernité.

L'humour populaire a instantanément répondu avec des plaisanteries, affirmant que "certains costumes traditionnels ne devraient jamais être modernisés". En réponse, le président a rassuré son public qu'il acceptait la critique avec humour, affirmant : "La prochaine fois, je vais prendre un meilleur tailleur !" Ce petit incident a permis de dédramatiser le débat sur la modernité versus la tradition, tout en soulignant l'importance de l'ancrage culturel.

Les accessoires inattendus

Un président a une fois surpris tout le monde en arrivant à un discours important avec un chapeau extravagant. La pièce, représentant un symbole local, a fait sourire, mais également rougir. "On dirait qu'il va plutôt à une fête qu'à un discours," ont plaisanté les internautes. Une fois de plus, le président a su réagir, en disant : "Quand on est aussi important qu'un chapeau, il faut s'assurer qu'on soit toujours à la hauteur !" Ce moment a permis de rappeler que la politique et la mode peuvent parfois fusionner de manière inattendue.

Les histoires de mode des présidents africains lors de discours publics révèlent comment le style vestimentaire et les choix d'accessoires peuvent éclipser les discours eux-mêmes, inspirant autant de rires que de réflexions. Ces anecdotes colorées soulignent qu'au-delà des messages politiques sérieux se cache une humanité flexible et pleine d'humour. Les tenues vestimentaires deviennent ainsi des vecteurs de connexion entre le leader et son peuple, permettant aux citoyens de mieux appréhender leurs dirigeants à travers des moments de légèreté. En surveillant la mode dans les discours politiques, nous découvrons que les gouvernants ne sont pas seulement des figures d'autorité, mais aussi des acteurs de la culture populaire qui peuvent engager leurs concitoyens par le biais de l'humour et du style. Dans ce monde de choix vestimentaires variés, le rire demeure un fil conducteur, liant tradition et modernité avec grâce.

# Chapitre 8 : L'Art de la Métaphore

Analyse des métaphores ridicules utilisées par certains présidents pour illustrer leurs points, suscitant rires et éclats de voix.

Les discours politiques sont souvent un mélange d'idées sérieuses, de promesses et de métaphores qui cherchent à captiver l'auditoire. Les présidents, dans leur quête de faire passer un message, ont parfois recours à des comparaisons qui, bien qu'intentionnelles, donnent lieu à des résultats cocasses. Ce chapitre explore l'utilisation des métaphores ridicules par certains dirigeants africains et comment ces illustrations colorées ont su non seulement faire rire, mais aussi rappeler aux citoyens la nature parfois absurde du discours politique.

Les métaphores alimentaires

"Le gâteau à étager"

Un président a un jour cité que "la démocratie est comme un gâteau à étager : il faut des bonnes couches pour obtenir de bons résultats". Bien que l'analogie puisse sembler pertinente au départ, elle a rapidement dérivé vers des interprétations humoristiques. Les membres du public ont commencé à plaisanter en disant que, dans ce cas, certains ingrédients pourraient être plus utiles pour construire des gâteaux que pour construire une démocratie. Les commentaires ont fleuri sur les réseaux sociaux, évoquant l'idée que "le président est peut-être le chef pâtissier, mais certaines couches ont besoin d'une bonne cuisson!" Cette métaphore a surpris tout le monde, transformant un discours sérieux en un échange amusant sur la nature des alliances politiques.

"Les poissons d'un même bocal"

Un autre exemple de métaphore culinaire se matérialise dans le discours d'un candidat qui a dit que "les politiciens doivent se comporter comme des poissons dans un même bocal - sinon, ils s'entretueront". Cet exemple mémorable a provoqué une onde de rire dans l'assistance, qui a commencé à imaginer des poissons colorés bataillant dans un aquarium. Les métaphores impliquant des animaux sont souvent prises et détournées, incitant le public à évoquer des "nourritures naturelles" pour des solutions politiques! Ce moment a permis de rappeler que les leaders doivent parfois se retenir de se battre entre eux et de se concentrer sur les véritables enjeux.

Les métaphores sportives

"Le marathon de l'économie"

Lors d'un discours sur le développement économique, un président a déclaré que "l'économie est un marathon, pas un sprint". Bien que le message vise à transmettre la nécessité d'une vision à long terme, le public a pris cette métaphore au pied de la lettre. La réponse humoristique a vite surgi avec des plaisanteries du style : "Et nous espérons que le président ne s'essoufflera pas au km 5!" Ce genre de comparaisons sportives est devenu un terrain fertile pour les comiques et les satiristes, qui se sont empressés d'imaginer des « marathons politiques », où les élus seraient eux-mêmes des coureurs à pied.

"Le ballon de football"

Un autre président a utilisé la football comme métaphore pour expliquer le travail d'équipe nécessaire en politique, déclarant que "la politique est comme jouer au football, il faut passer le ballon". Cependant, les plaisanteries n'ont pas tardé à affluer sur la capacité de certains joueurs – ou politiciens – à dribbler au lieu de passer, provoquant ainsi des chocs et des rires dans le public. Les internautes ont partagé des mèmes montrant des dirigeants dribblant le ballon pendant que d'autres essayaient désespérément de marquer des buts.

Les métaphores environnementales

"Une fleur qui s'épanouit"

Lors d'une conférence sur le changement climatique, un leader a eu l'idée d'utiliser la métaphore d'une "fleur qui s'épanouit" pour représenter la croissance durable. Cela a suscité des réactions amusées dans le public, charmées par l'image d'un leader plantant une fleur tout en évoquant de grandes réformes. Les humoristes n'ont pas tardé à transformer cette métaphore en gag : "Espérons juste que la pluie ne soit pas de mauvaise humeur ce jour-là !"

"Le pont vers l'avenir"

Un président a également laissé entendre que "nous devons construire un pont vers l'avenir", ce qui semble inspirant jusqu'à ce que le manque de clarté entraîne des rires jaunes dans l'assistance. "Est-ce un pont tangible ou un de ces ponts en papier ?" plaisantaient certains membres du public, pointant la nécessité de concrétiser les rêves politiques. Une métaphore d'une telle ampleur a lancé un jeu de mots sur les ponts qui resteront jamais construits, ajoutant ainsi aux rires collectifs.

Les métaphores technologiques

"Le logiciel de l'unité"

Lors d'un discours sur l'unité nationale, un politicien a comparé la nation à "un logiciel qui doit être mis à jour pour fonctionner correctement". Cette image, bien qu'intentionnelle, a entraîné une marée de blagues. Beaucoup ont commencé à demander : "Et nous n'avons pas de bouton 'réinitialiser' ?" avec des commentaires divers sur la possibilité d'installer des « mises à jour automatiques » dans la politique. Cela a ouvert un débat humoristique sur la nécessité d'améliorer le système sans forcément redémarrer, un constat qui a mis tout le monde d'accord.

 "Le réseau de la paix"

Un président a emprunté une métaphore technologique en disant que "le réseau de la paix est comme Internet : il doit être ouvert et accessible à tous". Cette allusion a provoqué des rires en plaidant pour un accès à la paix de façon universelle. Des plaisanteries sur des mots de passe sécurisés pour la paix ont commencé à circuler. "Avoir un bon mot de passe est essentiel, sinon qui sait ce qui peut se passer !" a plaisanté l'un des membres du public.

Les métaphores, lorsqu'elles sont utilisées dans les discours politiques, peuvent être de puissants outils de communication, mais elles peuvent aussi donner lieu à des moments hilarants lorsque les comparaisons tournent mal ou prennent des tournures inattendues. Que ce soit à travers des images alimentaires, sportives, environnementales ou technologiques, les présidents africains, dans leur quête d'illustrer leurs idées, ont souvent suscité rires et éclats de voix. Ce mélange d'humour et de réflexion rappelle l'importance de rester ancré dans la réalité tout en cherchant à inspirer les citoyens. Au fin de compte, ces métaphores ridicules deviennent le ciment humoristique qui relie la politique à la vie quotidienne, transformant des moments de sérieux en souvenirs plaisants.

# Chapitre 9 : Discours de Réconciliation et de Rires

Les discours de réconciliation qui ont pris une tournure humoristique, où la légèreté a permis de dédramatiser des situations tendues.

La réconciliation après un conflit, une crise ou une période de tensions politiques est un art délicat. Souvent, ces discours portent un poids émotionnel immense, mais ils peuvent également devenir des moments de légèreté et d'humour, permettant de désamorcer des situations tendues. En Afrique, de nombreux dirigeants ont su utiliser l'humour pour bâtir des ponts entre leurs concitoyens, transformant des discours potentiellement lourds en échanges plus accessibles et chaleureux. Ce chapitre explore des exemples emblématiques de discours de réconciliation où la légèreté a joué un rôle clé.

La magie de l'humour dans la réconciliation

Un président et les rivalités politiques

Dans un pays post-conflit, un président élu a pris la parole lors d'une cérémonie de réconciliation nationale. Pour alléger l'atmosphère, il a commencé par partager une blague sur les politiciens : "Dans la politique, nous sommes un peu comme des chats et des chiens ; nous avons souvent l'air de vouloir nous battre pour un os, mais au fond, nous savons que nous devons vivre sous le même toit." Cette comparaison inattendue a fait rire le public et a rappelé aux citoyens que, bien que les tensions soient palpables, ils partageaient un même foyer.

En poursuivant, le président a déclaré : "Et rappelez-vous, même les chats et les chiens peuvent parfois jouer ensemble !" En utilisant l'humour, il a réussi à adoucir les relations tendues et à transmettre un message fort : l'importance de l'unité. Ce discours a été salué non seulement pour sa sensibilité, mais aussi pour sa capacité à transformer une situation délicate en un moment de joie collective.

Les discours de réconciliation communautaire

L'humour comme outil de rassemblement

Lors d'une rencontre intercommunautaire après des tensions ethniques, un leader local a pris la parole avec un discours plein d'autodérision. "Je suis ici aujourd'hui pour vous parler de réconciliation, mais je dois admettre que je suis peut-être celui qui a besoin d'une réconciliation avec mon poids, car mes pantalons sont de plus en plus serrés !" La soudaine confession, enjouée, a provoqué des éclats de rire dans la salle. Le leader a utilisé cette maladresse pour introduire le vrai sujet – la nécessité de faire de la place pour chacun dans la communauté, en mettant l'accent sur l'acceptation et le soutien mutuel, peu importe les différences.

Les membres de la communauté ont réagi positivement, et la blague a donné le ton à des discussions ouvertes, où chacun s'est exprimé avec légèreté sur leurs préoccupations, facilitant ainsi un dialogue constructif. Ces moments de franches rigolades ont permis de retrouver la solidarité entre les groupes au sein de la communauté.

Les discours humoristiques après la crise

Une approche ludique

Un président, après une crise politique aiguë, a choisi d'aborder la situation lors d'un discours de réconciliation en utilisant des anecdotes comiques sur les rumeurs qui circulaient. "Vous savez, j'ai entendu dire que j'avais un jumeau maléfique qui serait à l'origine de tous nos problèmes ! Si c'est le cas, je souhaite juste qu'il ait un meilleur goût en matière de mode," a plaisanté le président en ajustant sa cravate. Cette déclaration a dédramatisé l'atmosphère.

Le public a ri de bon cœur, et les journalistes présents ont tous pris note de ce coup d'éclat. Le président a alors lancé un appel à la réconciliation, en déclarant : "Si nous devons avoir des jumeaux, je préfère que nous soyons tous de bons jumeaux qui cherchent à faire avancer notre pays ensemble !" Cette approche ludique a permis de canaliser les frustrations et de favoriser un dialogue plus ouvert sur l'avenir du pays.

Les rituels de réconciliation

Un discours traditionnel avec humour

Dans un cadre traditionnel, lors d'un grand rituel de réconciliation, un ancêtre respecté a pris la parole et a commencé son discours par une blague liée à la culture locale. "On dit que si les poules savaient ce qui les attendait à la fin de la route, elles ne quitteraient jamais leurs coqs. Mais je pense que nous avons des raisons de traverser cette route aujourd'hui !" Ce clin d'œil a rappelé à tous l'importance d'affronter les défis, même si cela demande du courage.

Des rires ont fusé à travers le public tout au long du discours, car les gens ont compris que le chemin vers la paix pouvait aussi être une aventure humoristique. En utilisant l'humour, l'ancêtre a su créer un sentiment d'appartenance et inciter chacun à jouer un rôle actif dans le processus de réconciliation.

Les réactions inattendues

Une réponse humoristique aux critiques

Après une série de critiques concernant son leadership pendant une période de troubles, un président a pris la parole lors d'une réunion publique. Au lieu de minimiser les préoccupations, il a choisi de les aborder avec une touche d'humour. "J'adore recevoir des conseils, mais ces derniers temps, on dirait que je devrais engager une armée de conseillers pour lire chaque mot de mes discours. Alors, je vais juste essayer de garder mes promesses au lieu de faire une liste de courses !"

Cette réplique a provoqué l'hilarité dans un public qui avait parfois du mal à se projeter vers l'avenir. En transformant ses erreurs en blagues, le président a réussi à instaurer un climat de confiance et à démontrer qu'il était prêt à entendre et à travailler avec le peuple.

Les discours de réconciliation portés par l'humour révèlent à quel point le rire peut être un puissant outil de dédramatisation et de rapprochement. En utilisant des métaphores légères et des anecdotes personnelles, les leaders africains ont réussi à créer des ponts entre des communautés divisées et des peuples en désaccord. Ces moments de légèreté, en plein cœur de discussions souvent sérieuses, rappellent à chacun l'importance de l'empathie et de la solidarité. Lorsqu'il s'agit de réconciliation, le rire n'est pas simplement une échappatoire, mais un véritable vecteur de changement et de dialogue. Que ce soit en riant de leurs propres erreurs ou en évoquant des situations communes, ces leaders nous montrent que la route vers l'unité peut être pavée de sourires et d'ouverture de cœur.

# Chapitre 10 : Les Discours Déroutants

Événements où des présidents ont dévié de leurs discours préparés pour des moments de pure comédie et de décalage.

Les présidents africains, comme leurs homologues du reste du monde, sont souvent appelés à s'adresser à la nation lors de moments cruciaux. Cependant, il existe des occasions où ces chefs d'État ont délibérément ou involontairement dévié de leurs discours préparés, créant ainsi des instants comiques ou décalés qui laissent une empreinte mémorable. Dans ce chapitre, nous nous pencherons sur plusieurs événements emblématiques des discours déroutants tenus par des présidents africains.

L'Importance du Discours Présidentiel en Afrique

Les discours des présidents en Afrique jouent un rôle essentiel dans la gouvernance et la mobilisation populaire. Ils sont souvent le reflet des enjeux socio-économiques et politiques du pays. La rhétorique utilisée peut exacerber les tensions ou, à l'inverse, renforcer la cohésion nationale. Dans ce contexte, les moments de déviation peuvent être révélateurs des personnalités des leaders et de leur capacité à se connecter avec le peuple.

Moments Inattendus

Nelson Mandela et le Tourisme

Lors d'un discours à l'occasion d'un sommet international, Nelson Mandela a détourné son intervention pour évoquer son amour du voyage et du tourisme. Il a partagé une anecdote humoristique sur les difficultés qu'il rencontrait en reconnaissant des visages à l'aéroport, ce qui a provoqué un éclat de rire dans l'assemblée. Ce moment a non seulement allégé l'atmosphère, mais a aussi permis à Mandela de montrer son côté accessible et chaleureux.

## Thomas Sankara et ses Écarts

Thomas Sankara, l'ancien président du Burkina Faso, était connu pour son franc-parler et ses interventions souvent surprenantes. Dans un discours, il a une fois interpelé un fonctionnaire sur son manque d'implication, en faisant référence à une pratique populaire au Burkina Faso selon laquelle les citoyennes et les citoyens devaient se lever pour saluer les efforts de ceux qui travaillent dur. Sa métaphore, mêlant humour et critique sociale, a captivé son auditoire, devenant une image marquante de son style de leadership engagé.

## La Réaction du Public

Les discours déroutants peuvent susciter une variété de réactions de la part du public. Pour certains, ces moments peuvent créer une connexion plus forte avec le président, soulignant leur humanité dans un costard souvent formel de chef d'État. D'autres peuvent interpréter ces digressions comme un manque de sérieux ou de préparation, surtout en période de crise. Cependant, dans la plupart des cas, l'humour et l'authenticité sont appréciés.

## L'Influence des Médias Sociaux

L'impact des médias sociaux est particulièrement notable en Afrique où l'accès à Internet a explosé ces dernières années. Les discours déroutants sont rapidement diffusés en ligne, transformant de simples moments en vecteurs de buzz et de discussion. Les vidéos deviennent virales, permettant aux citoyens de partager leurs rires et leurs réflexions sur les actions de leurs dirigeants. Cette dynamique contribue à façonner l'image publique et peut même influencer les élections futures.

Les discours déroutants des présidents africains illustrent comment l'imprévu peut s'ajouter à la complexité de la scène politique sur le continent. Ces moments, bien que souvent non planifiés, sont révélateurs des relations que les dirigeants entretiennent avec leur peuple. À travers l'humour, la flexibilité et une touche d'authenticité, ces discours deviennent des occasions mémorables qui marquent la mémoire collective. Ainsi, ils rappellent que la politique, bien qu'elle soit une affaire sérieuse, peut aussi être une plateforme pour la connexion humaine, des rires et des moments de légèreté inoubliables.

# Chapitre 11 : L'Usage des Proverbes

Les proverbes traditionnels utilisés par les présidents qui se retournent contre eux de manière comique, provoquant de nouvelles interprétations.

Les proverbes, ces phrases sages et succinctes transmises de génération en génération, occupent une place centrale dans la culture africaine. Ils sont souvent utilisés par les présidents comme des outils de communication pour renforcer leurs discours, illustrer des points ou établir un lien avec la population. Cependant, l'utilisation inappropriée ou inattendue de proverbes peut parfois provoquer un effet comique, voire ironique, entraînant des interprétations nouvelles et souvent déroutantes. Ce chapitre explore comment l'usage de proverbes par les présidents africains a pu retourner contre eux, menant à des situations humoristiques et à des réflexions placées sous le prisme de la culture.

L'Importance des Proverbes en Afrique

En Afrique, les proverbes sont plus que de simples phrases; ils sont des vecteurs de sagesse collective et d'identité culturelle. Ils permettent de transmettre des enseignements moraux, de commenter des comportements sociaux et de guider les décisions. Pour les dirigeants, leur utilisation peut renforcer leur légitimité, évoquant des valeurs et des croyances partagées au sein de la société.

Moments Déroutants

Proverbes et Échecs Politiques

Un président d'un pays d'Afrique de l'Ouest a un jour cité un proverbe disant : « Celui qui a une main ne peut pas faire la sourde oreille aux paroles de son voisin. » Dans un contexte de crise politique, son discours visait à appeler à l'unité nationale. Cependant, cela a rapidement été interprété par ses opposants comme une critique de sa propre inaction et son incapacité à écouter les problèmes réels de la population. Les commentateurs ont alors plaisanté, en disant que le président avait « mis le doigt dans l'engrenage » de ses propres contradictions.

Un Proverbe Sur le Temps

Un autre cas célèbre a été celui d'un président qui a déclaré lors d'une conférence : « Lorsque la tempête arrive, le lion ne se cache pas dans la savane. » Son intention était de montrer sa détermination face à des troubles économiques. Toutefois, ses opposants ont rétorqué que le "lion" en question était en réalité "caché dans son palais", soulignant ainsi son éloignement et son manque d'empathie avec les luttes quotidiennes de ses citoyens. Cet échange a engendré une série de blagues sur la vie sauvage, illustrant comment l'un de ses propres proverbes avait été détourné contre lui.

Réactions et Interprétations

Les réactions du public face à ces détournements de proverbes sont souvent empreintes de humour et de sarcasme. Les citoyens prennent plaisir à jouer avec la langue et à reformuler les proverbes pour les adapter à leurs propres situations politiques. Cela peut créer un véritable phénomène cultural où les phrases présidentielles deviennent le sujet de mèmes ou de blagues sur les réseaux sociaux. Il en résulte une dynamique où les leaders doivent être de plus en plus prudents sur la façon dont ils utilisent le langage populaire.

L'Influence des Médias Sociaux

Les réseaux sociaux ont amplifié la portée de ces détournements. Un proverbe cité de manière maladroite peut rapidement devenir viral, ouvrant la porte à des interprétations comiques partagées à des milliers de personnes. Les internautes s'emparent souvent de ces moments pour produire des contenus humoristiques, allant jusqu'à créer des vidéos ou des illustrations visant à tourner en dérision l'usage des proverbes par les dirigeants.

L'usage des proverbes par les présidents africains constitue un aspect fascinant de la rhétorique politique. Bien que ces expressions soient généralement chargées de sagesse et de valeurs, leur application peut parfois faire l'objet de malentendus ou de retournements inattendus qui prêtent à rire. Ce chapitre démontre que la langue et la culture peuvent devenir des terrains de jeu pour l'humour, même dans les sphères les plus sérieuses de la gouvernance. Les leaders doivent donc naviguer avec soin dans ce paysage, sachant que l'ironie est souvent à portée de main. En fin de compte, ces moments comiques révèlent non seulement l'humanité des dirigeants, mais aussi la richesse et la vivacité de la culture populaire dans laquelle ils évoluent.

# Chapitre 12 : La Parole des Enfants

Des enfants commentent les discours des présidents, apportant un point de vue innocent et hilarant sur les mots des dirigeants.

Les enfants, avec leur regard naïf et leur franchise désarmante, offrent souvent une perspective unique sur les discours des dirigeants. Leur innocence et leur capacité à voir le monde avec un œil critique et honnête, mais sans le poids des préjugés adultes, peuvent donner lieu à des commentaires à la fois hilarants et révélateurs sur les paroles des présidents. Ce chapitre explore comment les réactions des enfants face aux discours politiques peuvent devenir un miroir de la société, tout en apportant une touche de légèreté et d'humour à des sujets souvent sérieux.

L'Innocence de l'Enfance

Les enfants sont souvent moins influencés par les opinions préconçues et les idéaux politiques, ce qui leur permet d'aborder des discours complexes d'une manière simple et directe. Leur manière de percevoir les mots des dirigeants, parfois en les décontextualisant ou en les interprétant littéralement, peut produire des résultats comiques mais aussi frapper juste en exposant les incohérences ou les absurdités de ces discours.

Commentaires Hilarants sur les Discours

Réactions à des Promesses Élusives

Lors d'un discours où un président promettait des améliorations dans le secteur de l'éducation, un enfant a été filmé répondant, « Mais pourquoi il ne nous a pas apporté de nouveaux crayons ? » Cette question simple mais percutante souligne le fossé entre les promesses politiques et les attentes concrètes des jeunes citoyens. Les médias sociaux se sont emparés de cette déclaration, transformant la situation en un mème où l'on voit d'autres enfants demandant des éléments basiques de leur quotidien.

L'Interprétation des Proverbes

Dans un discours où un président a utilisé de nombreux proverbes, une petite fille a été interrogée et a déclaré avec sérieux : « Est-ce qu'on doit vraiment planter un arbre pour chaque parole qu'il a dite ? » Cette réaction innocente sur l'usage des proverbes a non seulement provoqué des rires, mais a également incité les adultes à réfléchir sur le sens et l'impact des mots utilisés par leurs dirigeants. L'idée de planter des arbres, symbolisant des promesses, est devenue une métaphore amusante des attentes citoyennes.

La Réaction du Public

Les commentaires des enfants sur les discours sont souvent bien accueillis, suscitant le rire et l'empathie. Les adultes sont rappelés à leurs propres attentes — parfois démesurées — envers les politiciens. Les réactions d'enfants peuvent également aider à recentrer le discours public sur des problèmes simples mais fondamentaux, rappelant aux dirigeants la nécessité de rester connectés avec les réalités quotidiennes de leurs concitoyens, même les plus jeunes.

L'Impact des Médias Sociaux

Avec l'essor des plateformes numériques, les réactions d'enfants aux discours politiques peuvent rapidement atteindre un public large. Les compilations de déclarations d'enfants, souvent publiées sur des pages dédiées à l'humour ou à l'actualité, peuvent devenir virales, contribuant ainsi à élever le discours autour de la politique. Les enfants deviennent alors des voix influentes, avec leur humour innocent apportant un nouveau dynamisme à des débats souvent ternes.

La parole des enfants, lorsqu'elle est mise en lumière à la suite de discours présidentiels, offre une perspective rafraîchissante et précieuse. À travers leur humour et leur simplicité, les enfants parviennent à dévoiler des vérités que les adultes, trop souvent préoccupés par le poids du sérieux politique, peuvent négliger. Ce chapitre démontre que parfois, une vision innocente peut servir à enrichir le débat public et à rappeler aux dirigeants l'importance de l'accessibilité de leurs discours. En fin de compte, ces moments légers et hilarants nous rappellent que la politique, bien qu'elle soit un sujet sérieux, peut aussi susciter le rire et la réflexion lorsqu'elle est vue à travers les yeux d'un enfant.

# Chapitre 13 : Quand la Politique Devient Spectacle

Des références à des performances artistiques lors de discours politiques, où des présidents se sont lancés dans la danse ou le chant par accident.

La politique, souvent perçue comme un domaine austère et sérieux, peut parfois prendre des tournures inattendues et spectaculaires. Des chefs d'État, au lieu de se limiter à des discours formels, se sont laissés emporter par la musique, la danse ou d'autres formes d'expression artistique. Ce chapitre explore les moments où des présidents ont transcendé le cadre traditionnel de la rhétorique politique pour s'engager dans des performances artistiques, créant ainsi des souvenirs mémorables et souvent hilarants.

 La Politique comme Spectacle

Dans de nombreux pays, les discours politiques ne se résument pas à la seule communication de politiques et de promesses; ils peuvent également devenir des événements emblématiques, attirant un large public. Lorsque des présidents décident d'intégrer des éléments artistiques dans leurs interventions, cela peut changer la dynamique de l'événement, transformant un discours en une véritable performance.

Moments de Performance Artistique

Le Président Danseur

Un moment marquant s'est produit lorsqu'un président d'Afrique de l'Est a été surpris en train de danser lors d'une célébration nationale. Alors qu'il prononçait un discours sur l'unité nationale, une musique entraînante a commencé à jouer, et il a spontanément commencé à danser, entraînant le public dans une ambiance festive. Les images de ce moment se sont répandues sur les réseaux sociaux, suscitant rires et joie. La fusion de la politique et de la danse a permis de créer un souvenir durabilité, tout en montrant un côté plus humain et accessible de l'homme politique.

Le Chant Impromptu

Un autre événement mémorable a eu lieu quand un président d'un pays d'Afrique de l'Ouest a, au cours d'un discours, accédé à la demande du public de chanter une chanson populaire nationale. Bien que sa voix n'ait pas été celle d'un chanteur professionnel, l'engagement du président à se lancer dans la performance a immédiatement conquis le cœur des auditeurs. Ce moment de pur spectacle a offert une occasion de rire et de célébration, rappelant que les leaders peuvent aussi être des membres institutionnels de la culture populaire.

Réactions et Retombées

Ces moments de performances artistiques ne passent pas inaperçus; ils suscitent des réactions variées. Pour certains, ces actes imprévus ajoutent de la chaleur et de l'humanité à une figure politique souvent perçue comme distante ou trop formelle. Pour d'autres, ces spectacles peuvent être critiqués, perçus comme une distraction des véritables questions politiques. Cependant, ils créent souvent un sentiment de communauté et d'identité nationale, rassemblant des citoyens autour de leur leader.

L'Influence des Médias Sociaux

Les performances artistiques des présidents ont trouvé un écho particulier sur les plateformes numériques. Les vidéos de ces moments imprévus peuvent devenir virales, fonctionnant comme de puissants outils de communication qui vont au-delà de la politique traditionnelle. Les internautes réagissent avec humour et créativité, souvent en remixant ces vidéos ou en y ajoutant des commentaires humoristiques, renforçant ainsi l'impact de ces événements sur la culture populaire.

Quand la politique devient spectacle, elle en sort revitalisée, rentrant dans le domaine de l'humain et de l'émotion. Les moments où des présidents dansent ou chantent rappellent que la politique n'est pas seulement une affaire de débats ennuyeux et de discours rabâchés, mais aussi un espace pour l'expression personnelle et la connexion authentique avec le peuple. Ce chapitre montre que ces instants de performances artistiques, bien que souvent accidentels, peuvent enrichir le discours politique, rendant les leaders plus accessibles et plus attachants aux yeux des citoyens. En fin de compte, ces souvenirs spectaculaires ajoutent une couche de légèreté à un monde souvent trop sérieux, illustrant que la culture et la politique peuvent harmonieusement coexister.

# Chapitre 14 : Réactions des Réseaux Sociaux

À l'ère numérique, les réseaux sociaux sont devenus le théâtre de réactions instantanées et souvent hilarantes face aux discours controversés des dirigeants. Lorsque des présidents ou des responsables politiques prennent la parole, le public en ligne scrute chaque mot, générant une vague de commentaires humoristiques, de mèmes et de remixes qui transforment des messages parfois sérieux en moments comiques. Ce chapitre passe en revue certaines des meilleures réactions humoristiques des internautes après des discours marquants, créant ainsi une compilation divertissante et révélatrice.

L'Instantanéité des Réactions

Les plateformes comme Twitter, Facebook et Instagram permettent aux utilisateurs de partager leurs réflexions instantanément, souvent en réponse à des déclarations controversées ou surprenantes. Cette dynamique rend possible des échanges de wit et de sarcasme, souvent suscités par la surprise ou l'incrédulité — des caractéristiques essentielles qui alimentent la culture des mèmes.

Meilleures Réactions Humoristiques

Mèmes Épiques

Lorsqu'un président a tenu un discours où il a, de manière maladroite, tenté d'expliquer une politique complexe, les internautes ont immédiatement commencé à créer des mèmes. Un des plus viraux était une image de l'homme politique avec des phrases humoristiques comme : "Quand tu essaies d'expliquer quelque chose, mais que même Google a du mal à te suivre". Ce type de contenu est rapidement partagé, ajoutant une dimension visuelle qui amplifie l'impact humoristique de la situation.

## Commentaires Choc et Hilarants

Un discours qui a suscité de vives réactions a été celui d'un président qui a utilisé une métaphore désastreuse pour évoquer l'économie. Les commentaires ont afflué avec des phrases comme : "Quand le président compare l'économie à un plat brûlé... on sait qu'on est mal barré." Des internautes ont même élaboré des comparaisons encore plus extravagantes, telles que "Si l'économie était une recette, je dirais qu'on a ajouté trop de sel !".

## La Culture des Hashtags

Les hashtags font partie intégrante des réactions sur les réseaux sociaux. Après un discours particulièrement controversé, des hashtags humoristiques comme **#President ou Blague** ou **#Paroles Et Mèmes** s'installent dans les tendances. Ces hashtags deviennent des espaces où les utilisateurs peuvent rassembler leurs commentaires et leurs créations, catalysant ainsi des discussions et des partages ultérieurs.

## Réactions Créatives

Certaines réactions vont au-delà des simples commentaires ou des mèmes. Des artistes graphiques ou des illustrateurs prennent souvent une déclaration présidentielle et créent des illustrations comiques qui capturent l'esprit du moment. Par exemple, une série de dessins animés mettant en scène des personnages fictifs réagissant aux discours a émergé, rendant humoristique l'absurde des propos tenus.

Les réactions des réseaux sociaux aux discours controversés des présidents illustrent le pouvoir du public dans l'arène politique moderne. Ce chapitre montre que, même dans les moments les plus sérieux, l'humour peut servir de soupape de décompression, permettant aux citoyens de s'exprimer sur des comportements qui, autrement, pourraient sembler déconcertants ou inappropriés. En transformant des paroles controversées en contenus humoristiques, les internautes n'affichent pas seulement leur sens de l'humour, mais réaffirment aussi leur rôle actif dans le processus démocratique. En fin de compte, la viralité des mèmes et des commentaires humoristiques rappelle à tous que même les discours les plus sérieux peuvent susciter des éclats de rire et des réflexions profondes, tout en maintenant une connexion précieuse entre les dirigeants et leur peuple.

# Chapitre 15 : Le Discours au Café

Des scènes fictives où des présidents imaginent leurs discours dans un café, entourés de citoyens exprimant leurs vérités de façon comique.

Imaginons un cadre chaleureux, un café animé où les citoyens se retrouvent pour discuter des événements récents, échanger des idées et exprimer leurs préoccupations. Dans cet environnement informel, des présidents pourraient, en théorie, s'asseoir à une table, écouter et concocter leurs discours en se laissant influencés par les réflexions souvent humoristiques de ceux qui les entourent. Dans ce chapitre, nous explorerons des scènes fictives où des présidents, tout en prenant leur café, s'inspirent des commentaires pleins d'esprit des citoyens - le tout dans une ambiance comique.

 Le Café comme Scène Politique

Le café, lieu de rencontre et de détente, représente un espace où la politique peut se mêler à la vie quotidienne. Imaginer des présidents dialoguant avec des citoyens dans ce cadre permet d'illustrer des vérités souvent ignorées ou poignantes, tout en rendant la politique accessible et humoristique.

Scènes Fictives

La Table des Promesses

Dans une scène animée, le président se trouve assis à une table autour d'un café fumant. En écoutant un jeune homme, qui sirote un expresso, dire d'un ton sarcastique : « Monsieur le Président, si vous promettez d'améliorer nos routes, je vous prie de m'apporter mon café en moins de deux heures ! », le président éclate de rire. Il répond : « Ne vous inquiétez pas, je vais m'assurer que le café arrive avant la route ! » Les rires fusent autour de la table, et ce moment de légèreté pourrait inspirer le président à parsemer son discours de promesses réalistes et humoristiques, taclant les préoccupations des citoyens avec une touche de bon sens.

La Réponse à la Crise

Un groupe de femmes discute à une autre table, parlant de la récente crise alimentaire. L'une d'elles, avec un sourire malicieux, déclare : « Si le gouvernement se souciait autant de nos steaks que de son image, nous serions tous en train de grillades ! » Le président, entendant cette remarque, se tourne vers eux et répond en prenant une gorgée de son café : « Je vais écrire un discours sur l'importance d'un steak bien cuit, mais je me demande si nos agriculteurs seront d'accord ! » Cette blague améliore l'atmosphère tout en renforçant l'idée que les préoccupations des citoyens semblent parfois être mises de côté.

 Les Rires des Enfants

Un enfant assis à une autre table interrompt en criant : « Monsieur le Président, pourquoi vous ne nous parlez pas de la récréation au lieu de ces discours ennuyeux ? » Le président, amusé, répond : « Si je vous parle de récréation, alors préparez-vous à allonger les heures de classe ! » Les rires éclatent, et cette interaction cocasse pourrait inspirer le président à intégrer des éléments de légèreté dans ses discours, tout en évoquant l'importance de l'éducation de manière plus engageante.

L'Art de l'Écoute

Ces scènes fictives illustrent l'idée que la véritable interaction avec les citoyens peut enrichir le discours politique. Les commentaires humoristiques des citoyens permettent aux présidents de prendre du recul sur leurs discours souvent trop formels. Cette approche plus décontractée pourrait même les inciter à intégrer de vraies préoccupations quotidiennes, tout en y ajoutant une touche d'humour.

Le concept du "Discours au Café" transforme la politique en un domaine plus léger et engageant. En imaginant des présidents interagissant avec des citoyens dans un cadre convivial et comique, ce chapitre souligne l'importance de l'écoute et de la connexion humaine. Cela rappelle aux dirigeants que derrière chaque discours se cachent des histoires de vie, des attentes et des rires. La politique peut, et devrait, être un espace où l'humour et l'humanité trouvent leur place, permettant ainsi aux dirigeants de se mettre à la portée de leur peuple tout en abordant des questions pertinentes avec le sourire.

# Chapitre 16 : Le Bilan des Rires

Un retour sur les discours mémorables, mais aussi un regard sur l'impact humoristique que cela a eu sur la perception du leadership en Afrique.

Dans ce chapitre, nous faisons un bilan des discours mémorables qui ont marqué les esprits non seulement par leur contenu mais aussi par l'humour qu'ils ont suscité. L'impact de ces moments comiques sur la perception du leadership en Afrique est indéniable. Essentiellement, l'humour dans le discours politique devient un puissant outil de connexion humaine, redéfinissant les relations entre les dirigeants et leurs concitoyens.

## Les Discours Mémorables

Au fil des années, plusieurs discours de présidents africains ont retenu l'attention du public, notamment grâce à des éléments de comédie imprévus. Que ce soit une phrase maladroite, une référence humoristique ou une impro lors d'une allocution, ces moments les ont transformés en figures mémorables.

## Exemples Évocateurs

Un moment emblématique est celui d'un président du Ghana qui, lors d'un discours d'investiture, a plaisanté sur le fait qu'il serait "le meilleur président depuis l'indépendance", provoquant des rires dans l'assistance. Ce type de déclaration légère permet de montrer un leadership qui ne se prend pas toujours au sérieux, tout en restant engagé auprès de son peuple.

Impact sur la Culture Politique

Les discours de leaders tels que Nelson Mandela, qui utilisaient souvent l'humour pour apaiser des tensions, montrent comment le rire peut être un moyen efficace de construire des ponts entre les différentes communautés. Cet aspect humoristique renforce l'idée que le leadership n'est pas seulement une série de décisions sérieuses, mais qu'il peut également impliquer une humanité palpable.

L'Impact Humouristique sur la Perception du Leadership

Humanisation des Dirigeants

L'utilisation de l'humour par les dirigeants africains a eu tendance à humaniser ces figures souvent trop idéalistes. Cela aide à établir une proximité avec le peuple, créant une dynamique où des leaders, souvent perçus comme distants, deviennent plus accessibles. Les citoyens commencent alors à voir leurs dirigeants non seulement comme des décideurs, mais aussi comme des êtres humains, avec leurs propres faiblesses et failles.

Renforcement de la Cohésion Sociale

Les moments comiques dans les discours peuvent également favoriser une meilleure cohésion sociale. Un public qui rit ensemble partage une expérience collective, créant ainsi un sentiment d'unité. L'humour devient un moyen d'engager un dialogue ouvert sur des questions délicates, en allégeant parfois des sujets qui pourraient autrement être trop sensibles.

La Résonance sur les Plateformes Numériques

À l'ère des réseaux sociaux, ces moments de comédie capturés par des vidéos deviennent vite viraux. La diffusion en ligne permet de dépasser les frontières et d'influencer des perceptions au-delà des plateformes traditionnelles. Chaque réaction humoristique, chaque mème, joue un rôle dans la manière dont les citoyens perçoivent leurs dirigeants et leur capacité à gérer des crises.

L'Engagement des Jeunes

L'humour présent dans les discours politiques attire souvent l'attention des jeunes, qui utilisent leurs propres canaux de communication pour partager leurs réactions. Cela crée un espace où les jeunes peuvent s'exprimer et participer au débat public, contribuant ainsi à une culture politique dynamique et interconnectée

Le bilan des rires issus des discours politiques africains montre à quel point l'humour peut être un allié puissant dans le discours public. À travers l'utilisation de la comédie, les présidents ont l'opportunité de toucher le cœur de leurs concitoyens, de bâtir des liens solides et de renforcer une culture politique plus inclusive et engageante. En fin de compte, l'humour devient un puissant instrument de transformation sociale, rappelant à tous que, même dans les contextes les plus sérieux, il existe toujours de la place pour le rire et la légèreté. Ce chapitre démontre que dans la politique africaine, comme ailleurs, le rire est un chemin vers la compréhension et la connexion humaine, enrichissant la perception du leadership tout en célébrant la diversité culturelle qui caractérise le continent.

# Conclusion

Les discours des présidents africains comportent une richesse infini d'interactions humaines, souvent colorées par des touches d'humour. En réclamant la légèreté, ces leaders non seulement brisent les barrières qui peuvent exister entre eux et leurs concitoyens, mais ils enrichissent aussi le discours politique, le rendant accessible et engageant. Cela démontre un changement de paradigme dans la manière dont le travail politique est perçu — non seulement comme un ensemble de promesses et de politiques, mais aussi comme une occasion de partager des rires, des vérités profondes et des moments d'humanité.

À l'avenir, l'humour devrait être davantage intégré dans la communication politique, permettant aux dirigeants de naviguer dans des eaux parfois tumultueuses avec une approche qui favorise l'engagement et la compréhension. En redéfinissant le rôle de l'humour, les présidents peuvent non seulement devenir des figures plus engageantes mais aussi contribuent à une culture politique plus dynamique au sein de leurs pays.

# Secteur de Référence et Bibliographie

Ce livre s'inscrit dans le secteur de la communication politique, de la sociologie et de l'étude des médias . Il se concentre sur l'importance de l'humour dans la politique contemporaine et la manière dont il façonne les interactions entre dirigeants et citoyens.


1. **Afolabi, M. (2016).** *Humour and Politics in African Culture.* Lagos: African Scholars Press.

2. **Gervais, J., & Wilson, R. (2005).** *The Psychology of Humor: An Integrative Approach.* Burlington: Elsevier Academic Press.

3. **Mokhantso, T. (2018).** *Politique et Réseaux Sociaux: Une Nouvelle Ère du Discours Politique en Afrique.* Dakar: Editions D'hier à aujourd'hui.

4. **Ndiaye, A. (2020).** *Rire et Pouvoir en Afrique: Une Analyse des Discours Présidentiels.* Abidjan: Presses Universitaires de Côte d'Ivoire.

5. **Sankara, T. (2017).** *Le Discours et le Rire: L'Humour au Service de la Politique en Afrique.* Ouagadougou: Editions Miroir.

6. **Skelton, J. (2019).** *The Art of Political Humor: An African Perspective.* Nairobi: East African Educational Publishers.

7. **Thiong'o, N. W. (2019).** *Decolonizing the Mind: The Politics of Language in African Literature.* Nairobi: Heinemann Kenya.

Ces références fournissent un cadre théorique et contextuel sur lequel repose la discussion de ce livre, tout en illustrant l'importance croissante de l'humour dans le discours politique contemporain en Afrique.

# I want morebooks!

Buy your books fast and straightforward online - at one of world's fastest growing online book stores! Environmentally sound due to Print-on-Demand technologies.

Buy your books online at
**www.morebooks.shop**

Achetez vos livres en ligne, vite et bien, sur l'une des librairies en ligne les plus performantes au monde!
En protégeant nos ressources et notre environnement grâce à l'impression à la demande.

La librairie en ligne pour acheter plus vite
**www.morebooks.shop**

Printed by Books on Demand GmbH, Norderstedt / Germany